Bibliografische Information der Deutschen Nationalbibliothek:

Die Deutsche Bibliothek verzeichnet diese Publikation in der Deutschen National-
bibliografie; detaillierte bibliografische Daten sind im Internet über http://dnb.d-
nb.de/ abrufbar.

Impressum:

Copyright © 2017 GRIN Verlag
Druck und Bindung: Books on Demand GmbH, Norderstedt Germany
ISBN: 9783346040756

Dieses Buch bei GRIN:

https://www.grin.com/document/502108

Pascal Dengler

Der Freiheitsbegriff und seine Bedeutung für Gesellschaft und Software

GRIN Verlag

GRIN - Your knowledge has value

Der GRIN Verlag publiziert seit 1998 wissenschaftliche Arbeiten von Studenten, Hochschullehrern und anderen Akademikern als eBook und gedrucktes Buch. Die Verlagswebsite www.grin.com ist die ideale Plattform zur Veröffentlichung von Hausarbeiten, Abschlussarbeiten, wissenschaftlichen Aufsätzen, Dissertationen und Fachbüchern.

Besuchen Sie uns im Internet:

http://www.grin.com/

http://www.facebook.com/grincom

http://www.twitter.com/grin_com

Hochschule Darmstadt

- FACHBEREICH INFORMATIK -

Freiheit:
Die Bedeutung für Gesellschaft und Software

Hausarbeit im Modul:

INTERDISZIPLINÄRE UND SOZIALWISSENSCHAFTLICHE REFLEKTION DER INFORMATIK

Bachelor of Science (B.Sc.)

vorgelegt von

Pascal Dengler

Abstract

Freiheit ist alles andere als ein trivialer Begriff, der sich leicht erklären lässt. Er umfasst beträchtlich viele Facetten. Diese Arbeit wird sich auf die gesellschaftliche Bedeutung beschränken und erklären, inwiefern sich Aspekte des Freiheitsbegriffs auf die Freie-Software-Bewegung auswirken.

Zunächst werden zwei konträre politische Ideenlehren auf Basis derer positiven und negativen Freiheiten dargelegt und anschließend werden die politischen Sichtweisen auf Freie Software übertragen. An diesem Punkt wird dem Leser durch das Eintauchen in die Entstehung dieser Bewegung ein Fundament vermittelt, um folgend verstehen zu können wie Freie Software die Freiheit verkörpert.

Kapitel 1

Einleitung

Der Begriff *Freiheit* ist sehr breit gefächert und lässt sich daher auf vielerlei Dinge beziehen. Diese Arbeit wird besonders den Freiheitsbegriff im gesellschaftlichen Sinne in den Fokus nehmen und darstellen wie sich dieser Gedanke in der Software-Entwicklung und -Nutzung widerspiegelt.

Wie entstanden die Gedanken und Grundsätze der Freien Software? Gibt es hierbei unterschiedliche Definitionen? Wo liegen die Grenzen der Freiheit? Kann man Freiheit generell immer als gut bezeichnen?

Durch das Beantworten dieser Fragen wird der Freiheitsbegriff bezüglich den gesellschaftlichen und softwaretechnischen Aspekten beleuchtet und dem Leser präsentiert.

Ziel der Arbeit ist, den Freiheitsbegriff aus verschiedenen Gesichtspunkten zu schildern und schließlich deren Gemeinsamkeiten beziehungsweise Unterschiede darzustellen.

Kapitel 2

Was bedeutet Freiheit für die Gesellschaft?

Betrachtet man den Freiheitsbegriff in seinem Kern stellt er sich als offen heraus. In erster Linie bedeutet „Freiheit" die Abwesenheit von Hindernissen. Erst auf den zweiten Blick erkennt man im Freiheitsbegriff konkret etwas Bestimmtes. Dabei ist allerdings zu beachten, dass das Bestimmte von jedem Individuum anders wahrgenommen wird und sich zu jeder Zeit ändern kann.

2.1 Positive und negative Freiheit

In einem Text der *Stanford Encyclopedia of Philosophy*[1] wird der Freiheitsbegriff in die positive und die negative Freiheit aufgeteilt. Es sei zu unterscheiden, ob man frei von Hürden ist oder ob man die Freiheit der „Kontrolle über sich selbst" habe. Diese wird näher als das Selbstbewusstsein und die Kontrolle über seine eigenen Taten und Interessen geschildert. Das „frei von etwas" ist hierbei häufig die negative und das „frei etwas zu tun" die positive Freiheit.

Die negative Natur der Freiheit rührt daher, dass man durch das „frei von etwas" andere Individuen in ihrer individuellen Freiheit einschränkt. Nimmt man zum Beispiel die „Freiheit *von* Terrorismus" in einem Staat, scheint das zunächst legitim zu sein. Man möchte den Staat „von Terrorismus *be*freien". Was bedeutet das aber für die Individuen? Nicht selten gehen aus solchen Zielen Maßnahmen, wie beispielsweise Überwachung, striktere Kontrollen und ähnliches hervor, welche Individuen in ihrer individuellen Freiheit einschränken, da sie unter ständiger Überwachung stehen. Wie Burkhardt Kiegeland in seinem Text[2] passend zusammenfasst, beschreibt die negative Freiheit den Zustand, in dem die Persönlichkeitsentfaltung des Individuums nicht durch andere Menschen, Institutionen oder Ideologien und den von ihnen ausgehenden Zwängen begrenzt oder verhindert wird.

Bei der positiven Freiheit hingegen ist man beispielsweise „frei seine Meinung *zu* äußern" oder „frei seinen Glauben *zu* leben".

Um es ein wenig zu verdeutlichen, kann man sagen, dass die positive Freiheit die (durch die negative Freiheit) gewonnenen Freiräume und Wahlmöglichkeiten zur Gestaltung eines eigenen Lebensentwurfs darstellt.

Es wird deutlich, dass diese „Arten" der Freiheit in gewisser Weise koexistieren müssen

---

[1] vgl. Carter, *Positive and Negative Liberty*.

[2] vgl. Kiegeland, „Freiheit von & Freiheit zu".

und in einer Balance stehen sollten. Rudolf Virchow bringt es mit dem Satz „Die Freiheit ist nicht die Willkür, beliebig zu handeln, sondern die Fähigkeit, vernünftig zu handeln."[3] ziemlich auf den Punkt.

Aspekte der Freiheit finden sich in einigen politischen Philosophien wieder und werden nun im Bezug auf deren negative und positive Ausprägungen analysiert.

2.1.1 Sozialismus

Wie die Autoren in einem Artikel der Zeitschrift *kontrovers*[4] verdeutlichen, lässt sich der Sozialismus nicht genau definieren. Die Begrifflichkeiten Freiheit, Gleichheit und Solidarität tauchen bei Recherchen immer wieder auf und doch ist es schwer alle in einer gemeinsamen Definition zu vereinen.

Gleichheit bedeutet in erster Linie die Gleichberechtigung aller ohne Vorverurteilung bezüglich der Rasse, der Religion, der politischen Meinung, der Sexualität oder anderen Merkmalen.

Solidarität betont gemeinsame Zielsetzungen von Interessensgruppen und deren Aktivwerden als Kollektiv.

Aspekte der Gleichheit und Solidarität können in beispielhaften Phrasen, wie „frei *von* Ungerechtigkeit" oder „frei *von* Unterdrückung" ausgedrückt werden. Das schafft Freiräume, um „frei *zu* wählen", „frei seine Meinung *zu* äußern" und „frei seinen Glauben *zu* leben". Auch hier sieht man, dass durch die negativen Freiheiten die positiven realisiert werden können.

Der Grundlegende Gedanke einer sozialistischen Gesellschaft ist, dass sich jedes Individuum frei entwickeln kann, gleichzeitig aber durch Bedingungen der Gleichheit und Solidarität in gewisser Weise eingeschränkt wird. An dieser Stelle unterscheiden sich die vielen Strömungen des Sozialismus in den Fragen, welche äußerst treffend auf Seite 30 der oben genannten Zeitschrift formuliert wurden:

▶ „Welche Rechte hat der oder die Einzelne gegenüber der Gemeinschaft und der Gesellschaft?"

▶ „Was trägt zur Entwicklung welcher einzelnen Menschen bei und wer bewertet dies?"

▶ „Wann wird das Bemühen zur Herstellung von Gleichheit zur Unterdrückung?"

▶ „Wo schlägt das Freiheitsstreben in Ausbeutung anderer um?"

▶ „An welchem Punkt endet Solidarität und wird zum bloßen Zwang neuer Herrschaft?"

2.1.2 Kapitalismus

Kapitalismus generell versteht sich als Wirtschafts- und Gesellschaftsordnung, welche auf Privateigentum von Produktionsmitteln setzt und sich der Markt nach Angebot und Nachfrage richtet. Entgegen dem Sozialismus jedoch steht hier die persönliche Entfaltung des Individuums im Vordergrund. Man ist „frei Geschäfte *zu* eröffnen", „frei sich Güter *zu* leisten". Karl Marx und Friedrich Engels behaupten in ihrem *Manifest der Kommunistischen*

---

[3]Virchow, „Ueber die mechanische Auffassung des Lebens", S. 21f.
[4]vgl. Brie und Spehr, „Was ist Sozialismus".

Partei[5], dass „die freie Entwicklung eines jeden, die Bedingung für die freie Entwicklung aller" sei. An dieser Stelle wird allerdings der Konfliktcharakter der Freiheit in gewisser Weise verkennt, das es, wie oben beschrieben, nicht einfach ist persönliche Freiheit mit gesellschaftlicher in Einklang zu bringen.

---

[5]Marx und Engels, *Manifest der Kommunistischen Partei*, S. 16.

Kapitel 3

Was bedeutet Freiheit für Software?

Freie Software beschreibt Software, welche die Freiheit des Nutzers und der Gemeinschaft wahrt. Einfach ausgedrückt heißt das, dass Nutzer die Freiheithaben das Programm auszuführen, zu kopieren, weiterzuverteilen, davon zu lernen, zu ändern und zu verbessern. Freie Software bezieht sich demnach nicht auf den Preis, sondern auf die Freiheit, das Programm ohne Einschränkungen nutzen zu können.

3.1 Die vier Freiheiten

Ein Programm wird als „Freie Software" bezeichnet, wenn es dem Benutzer die folgenden vier Freiheiten gewährt (von der Free Software Foundation Europe ins Deutsche übersetzt[1]):

- ▶ „Die Freiheit, das Programm für jeden Zweck aus*zu*führen."

- ▶ „Die Freiheit, die Funktionsweise eines Programms *zu* untersuchen, und es an seine Bedürfnisse an*zu*passen."

- ▶ „Die Freiheit, Kopien weiter*zu*geben und damit seinen Mitmenschen *zu* helfen."

- ▶ „Die Freiheit, ein Programm *zu* verbessern, und die Verbesserungen an die Öffentlichkeit weiter*zu*geben, sodass die gesamte Gesellschaft profitiert."

Die vier Freiheiten gewähren essentielle positive Freiheiten. Die Freiräume dafür werden geschaffen, indem Freie Software beispielsweise „frei *von* Opazität", „frei *von* Nutzungsbestimmungen" und „frei *von* fest definierten Entwickler-Teams" ist.

3.2 Geschichte

Um die Beweggründe Freier Software zu begreifen, ist es wichtig zunächst die Geschichte der Entstehung zu verstehen.

3.2.1 Das GNU-Projekt

Eine große Rolle im Ökosystem der Freien Software und der Entwicklung des GNU-Projekts[2] kommt jemandem mit den Namen „Richard Stallman" zu. Wie er in einem

---

[1]vlg. Free Software Foundation Europe, *Was ist Freie Software?*
[2]GNU ist ein rekursives Akronym und steht für „GNU's Not Unix". Rekursive Akronyme werden vor allem in der freien Softwareentwicklung häufig verwendet.

Text der Sammlung *Free Software, Free Society*[3] erklärt, begann er 1971 am Massachusetts Institute of Technology (MIT) in Cambridge zu arbeiten und wurde Teil einer Gemeinschaft, welche bereit war Software zu teilen. Das machte es möglich, diese schnell weiterzuentwickeln und Ideen von verschiedenen Personen in sie einfließen zu lassen. Viele Jahre war das eine Arbeitsweise, die dafür sorgte, dass nicht nur die Entwickler selbst jene Software vorantrieben, sondern vielmehr die Nutzer die Möglichkeit erhielten, durch den offenen Quellcode Einblicke in die Arbeitsweise des Programms zu erlangen. Es war also eine Software-Kultur des Nehmens und Gebens, welche die Programme nicht nur zu ihrer reinen Funktion abwerteten, sondern vielmehr eine Gemeinschaft erschufen, welche bereit war die Arbeit untereinander aufzuteilen und die Projekte stetig mit neuen Ideen zu versorgen und so voranzutreiben.

Leider zerbrach diese Gemeinschaft in den frühen 80er Jahren, als das MIT sämtliche Kern-Komponenten auf proprietäre[4] Lösungen umstellte. Richard Stallman kündigte kurz darauf im Jahre 1984 seinen Job beim MIT, um sich voll und ganz auf das Schreiben von GNU-Software zu konzentrieren. Sein Plan war es bestehende Freie Software zu nutzen und weiterzuentwickeln, um so ein GNU-System[5] zu schaffen das (zunächst) auf Unix betrieben wurde und sämtliche relevanten Komponenten als Freie Software zur Verfügung stellt.

Durch die immer weiter wachsende Nachfrage der GNU-Software wurde 1985 die *Free Software Foundation* ins Leben gerufen, die sich von nun an als Stiftung für die Entwicklung Freier Software einsetzen sollte. Sie finanziert sich noch heute überwiegend durch Mitgliedsbeiträge und Spenden.

3.2.2 Der Linux-Kernel

Der Linux-Kernel wurde 1991 von Linus Torvalds entwickelt und war zunächst proprietär. Im folgenden Jahr wurde er als Freie Software zur Verfügung gestellt und dient seit dem als Grundlage von GNU/Linux-Systemen.

Kernel: bezeichnet die Software-Schnittstelle zwischen Hardware und Betriebssystem.

Häufig wird mit *Linux* ein komplettes Betriebssystem in Verbindung gebracht. Das ist nur die halbe Wahrheit:„Linux" bezeichnet an sich *nur* einen unixkompatiblen Kernel.

3.2.3 GNU/Linux

1990 war das GNU-System weitestgehend vollständig. Das einzige, was fehlte war ein Kernel. Mit der Veröffentlichung des Linux-Kernels 1992 hatte man ein komplett freies Betriebssystem bestehend aus Linux (dem Kernel) und dem GNU-System (Betriebssystem).

Wie zuvor bereits erläutert wird *Linux* häufig als Bezeichnung für ein komplettes Betriebssystem verwendet. Der Begriff *GNU/Linux* soll beides (den Kernel und das Betriebssystem) gleichermaßen hervorheben, da keines von beiden separat ein produktiv nutzbares System bereitstellen würde.

---

[3]vgl. Stallman, „The GNU-Project".

[4]proprietäre Software bezeichnet Programme, die nicht frei gemäß der vier Freiheiten benutzt werden können

[5]Das GNU-System beinhaltet nicht ausschließlich selbst geschriebene GNU-Software, sondern darüber hinaus Programme, welche bereits geschrieben wurden und unter einer freien Lizenz veröffentlicht wurden.

3.3 Lizenzen

Neben der technischen Entwicklung Freier Software war es auch nötig eine rechtliche Grundlage zu schaffen. Wie Stallman in seinen Texten beschreibt[6], schrieb er zunächst für jedes Programm des GNU-Projekts eine eigene Lizenz. Als er mit dem Schreiben einiger Lizenzen genug Erfahrung gesammelt hat, war er in der Lage eine erste einheitliche Lizenz zu verfassen – die *GNU General Public License* (GNU GPL), welche im Jahre 1989 in ihrer initialen Version erschien.

Es gab schon zuvor ähnliche Software-Lizenzen, mit dem gravierenden Unterschied, dass diese von Unternehmen missbraucht wurden und freie Software in proprietäre Software umgewandelt wurde[7]. Genau dies wollte Richard Stallman vermeiden. Mit einem starken *Copyleft* sollte das erzielt werden. Copyleft ist ein Wortspiel mit *Copyright*, dem Urheberrecht. Es definiert Regeln, welche die drei Möglichkeiten Software proprietär zu machen unterbindet. Diese Möglichkeiten sind Urheberrecht, Endbenutzer-Lizenzverträge und das Verteilen von Software ohne Quellcode.

Nun wurden auch die Beweggründe Freier Software charakterisiert und welche Werte ihr innewohnen. Im folgenden Abschnitt wird dargestellt, wie Freiheit durch Freie Software verwirklicht wird.

---

[6]vgl. Stallman, „Free Software Licensing".

[7]So ist es beim X Server der Fall, dessen Lizenz es erlaubt ihn auch rein im Binärformat ohne Quellcode (=proprietär) zu verbreiten

Kapitel 4

Wie wird Freiheit durch Freie Software verwirklicht?

Vor allem durch die vier Freiheiten, welche dem Nutzer gegeben sein müssen, charakterisiert sich Freie Software. In welchem Grad können diese Freiheiten jedoch vom Endanwender benutzt werden? Nicht selten hört oder ließt man Argumente, welche behaupten Freie Software sei etwas, von dem nur Entwickler und Technikaffine profitieren. Von Freiheiten, welche das Einsehen und Ändern des Quellcodes betreffen profitieren zunächst einmal Menschen, welche der zu Grunde liegenden Programmiersprache mächtig sind. Indirekt jedoch haben auch Anwender ohne technischen Hintergrund dadurch Vorteile. So verlassen sie sich bei der von ihnen verwendeten Software nicht auf ein einziges Unternehmen mit fest definiertem Entwicklerteam. Auch eventuelle Sparmaßnahmen und der damit verbundenen langsamer fortschreitenden Entwicklung sollte man in Betracht ziehen. Im Extremfall sogar werden Anwender mit einer sich nicht mehr weiterentwickelnden Software zurück gelassen, sollte das Unternehmen bankrott gehen. Statt dessen können sie auf Erfahrungen einer international zusammenarbeitenden Gemeinschaft vertrauen zu der sie jederzeit Kontakt aufnehmen, Bugs[1] melden, Unterstützung einholen, Verbesserungsvorschläge einreichen und dadurch an einem sehr offenen Entwicklungsmodell teilhaben können. Überdies verfügt Freie Software häufig über eine sehr detailreiche Dokumentation, die man sich bei Problemen zu Rate ziehen kann. Auch falls das Kern-Team eines freien Softwareprojekts dieses nicht mehr weiterentwickelt, kann sich ein neues Team gründen, welches die Weiterentwicklung übernimmt. Nun sollte klar geworden sein, dass nicht nur Entwickler an freien Softwareprojekten mitarbeiten können, sondern man sich auf viele Weisen an solchen Projekten beteiligen und mit den Entwicklern direkt in Kontakt treten kann.

Ein weiterer wichtiger Aspekt Freier Software ist, dass man sie ohne Bedenken[2] weitergeben kann. Es ist somit ein Akt des Teilens, welchen man von klein auf gelehrt bekommt. Wieso man allerdings bei der Software durch Nutzung und Empfehlung proprietärer Anwendungen vor allem in Bildungseinrichtungen in diesem Umfang Gebrauch macht ist unklar.

Betrachtet man auch die anfangs beschriebenen politischen Ideen, lassen sich Synergien zwischen jener politischer Philosophien und Software im Bezug auf deren Freiheitsaspekte finden. Die Kernaussage der Solidarität und Gleichheit beim Sozialismus spiegelt sich in der Natur Freier Software wider, indem jeder uneingeschränkt Freie Software nutzen kann

---

[1]Bugs sind Fehler in Programmen, welche es zum Abstürzen bringen oder ein ungewolltes Fehlverhalten der Software nach sich ziehen können.

[2]solange der Quellcode zugänglich ist

und die Gemeinschaft und das Zusammenarbeiten im Vordergrund steht. Aber auch lässt sich Freie Software in gewisser Weise mit den Aspekten des Kapitalismus vereinbaren, da das Individuum frei ist Geld mit Freier Software zu verdienen. Hierbei sind vielerlei Geschäftsmodelle denkbar. So werden beispielsweise Dienstleistungen wie Beratung, Schulung, Wartung und Instandsetzung oder das Erstellen speziell zugeschnittener Konfigurationen gerne angeboten, um mit Freier Software Gewinn zu erzielen.

Es sollte klar geworden sein, dass Freiheit von jedem anders definiert wird. Daher sollte jeder selbst entscheiden wie viel Raum, welcher durch negative Freiheit frei wurde, durch positive Freiheit gefüllt werden kann.

Literatur

[1] Michael Brie und Christoph Spehr. „Was ist Sozialismus". In: *kontrovers. Beiträge zur politischen Bildung* (1/2008). Hrsg. von Rosa Luxemburg Stiftung und WISSEN-Transfer.

[2] Ian Carter. *Positive and Negative Liberty*. URL: https://plato.stanford.edu/entries/liberty-positive-negative/ (besucht am 20.01.2017).

[3] Free Software Foundation Europe. *Was ist Freie Software?* URL: https://fsfe.org/about/basics/freesoftware.de.html (besucht am 22.12.2016).

[4] Burkhardt Kiegeland. „Freiheit von & Freiheit zu. Ein kleiner Unterschied mit enormer Bedeutung". In: *Zeitpunkt. Die große Befreiung* (2010). Hrsg. von Christoph Pfluger, S. 9–11.

[5] Karl Marx und Friedrich Engels. *Manifest der Kommunistischen Partei*. 1. Aufl. 1848.

[6] Richard M. Stallman. „Free Software Licensing". In: *Free Software, Free Society: Selected Essays of Richard M. Stallman Third Edition*. GNU Press, 2015, S. 169–221.

[7] Richard M. Stallman. *Free Software, Free Society: Selected Essays of Richard M. Stallman Third Edition*. GNU Press, 2015.

[8] Richard M. Stallman. „The GNU-Project". In: *Free Software, Free Society: Selected Essays of Richard M. Stallman Third Edition*. GNU Press, 2015, S. 9–25.

[9] Rudolf Virchow. „Ueber die mechanische Auffassung des Lebens". In: *Vier Reden über Leben und Kranksein* (1862). Hrsg. von Georg Reimer, S. 1–33.